LA
BANQUE DU PEUPLE

DOIT

RÉGÉNÉRER LE MONDE

Transition de la vieille société au socialisme

UN PROLÉTAIRE
seul du commerce et de l'industrie

A SES FRÈRES DU TRAVAIL

AUX RICHES
DANS L'INTÉRÊT DE CEUX QUI SOUFFRENT

AUX TRAVAILLEURS MALHEUREUX
pour l'éclaircissement de leurs droits et de leur puissance

Vaincre le capital par le calme de la résignation.

Prix : 5 centimes.

PARIS

AU BUREAU DE LA PROPAGANDE DÉMOCRATIQUE ET SOCIALE

1, RUE DES BONS-ENFANTS

1840

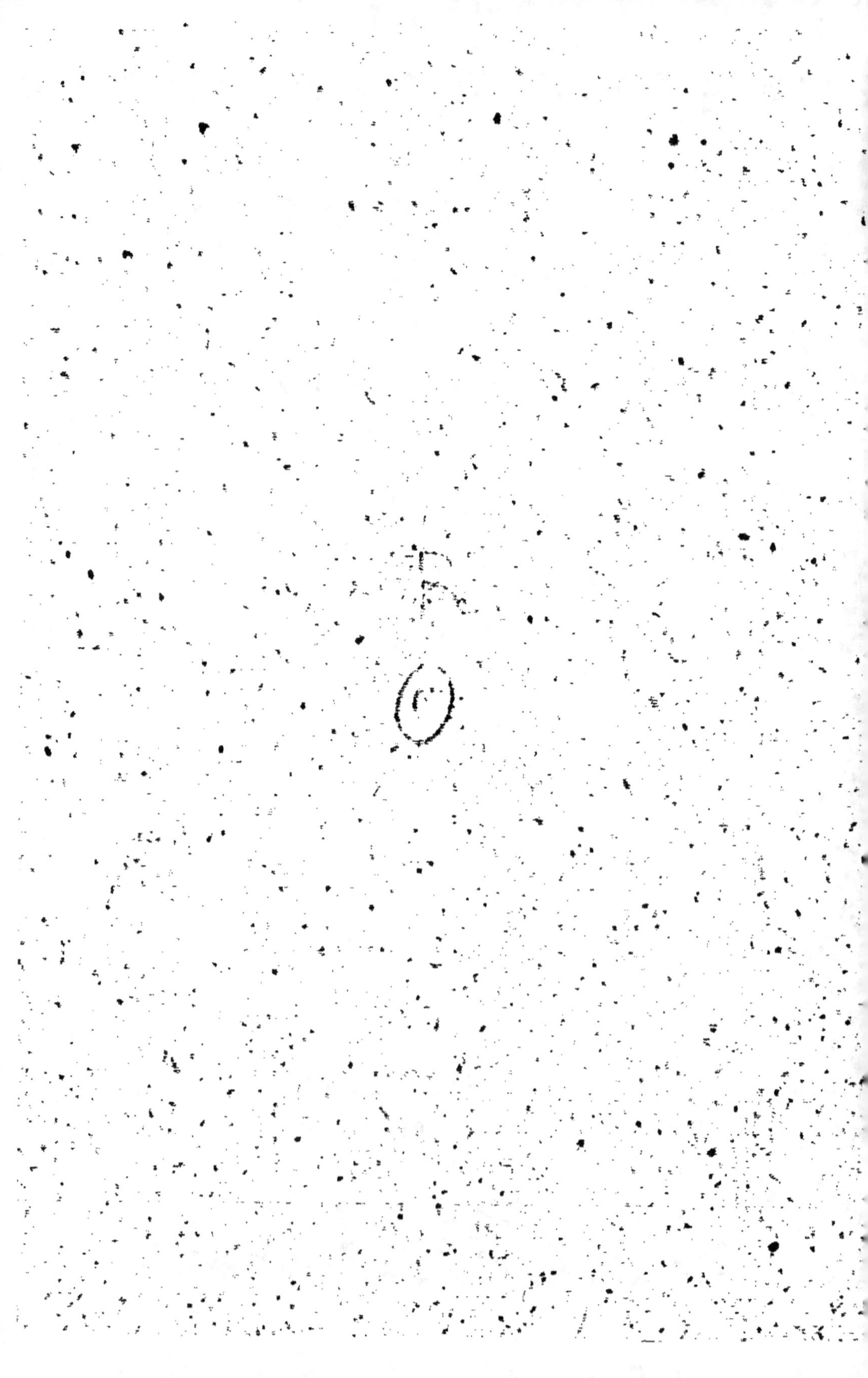

LA
BANQUE DU PEUPLE

DOIT

RÉGÉNÉRER LE MONDE

Transition de la vieille société au socialisme.

UN PROLÉTAIRE

AMI DU COMMERCE ET DE L'INDUSTRIE

SES FRÈRES DU TRAVAIL

AUX RICHES

DANS L'INTÉRÊT DE CEUX QUI SOUFFRENT

AUX TRAVAILLEURS MALHEUREUX

pour l'éclaircissement de leurs droits et de leur puissance

Vaincre le capital par le calme de la résignation.

Prix : 5 centimes.

PARIS

AU BUREAU DE LA PROPAGANDE DÉMOCRATIQUE ET SOCIALE

1, RUE DES BONS-ENFANTS.

1849

PRÉFACE.

L'auteur de ce faible essai n'a jamais eu la prétention de s'élever au rang d'écrivain. Ce qu'il offre au public des travailleurs n'est que la reproduction consciencieuse d'une étude de la société, faite au creuset d'une précoce mais pénible expérience.

Ennemi des priviléges héréditaires, victime de l'oppression meurtrière du capital, il a appris par lui-même dans des nuits d'insomnie, dans des veilles douloureuses, combien sont impuissants aujourd'hui les efforts assidus et l'industrie acquise devant les obstacles dont l'usure entoure le progrès du pauvre vers le bien-être.

Toutefois, éludant toute question personnelle, il n'envisage que les intérêts et l'honneur du pays; et, persuadé qu'il entreprend une mission patriotique, son but est de propager les principes de notre révolution sociale, heureux, pour ce qui le concerne, de trouver dans l'anonyme le silence de l'oubli.

Citoyens,

L'institution de la Banque du Peuple, quoi qu'en disent les ennemis de son gérant, hommes à priviléges, royalistes, réactionnaires de toutes nuances, deviendra bientôt le plus puissant organe de l'affranchissement de tous les travailleurs.

J'entends par le mot affranchissement l'abolition de l'usure que prélève le financier sur l'ouvrier, l'agriculteur, l'industriel et le commerçant.

Le philosophe socialiste auquel nous devons la Banque du Peuple a compris qu'infailliblement une minime fraction de la société, grossissant toujours ses trésors par le cumul meurtrier des intérêts, allait bientôt rendre le travail esclave de ses volontés, de ses caprices, le vouer à la misère, à l'agonie de la faim. Aussi, ce que rêve cet homme bienfaisant, c'est le triomphe du producteur contre le capitaliste, de celui qui féconde contre celui qui détruit, en un mot la guérison du mal qui ronge la société, l'oppression du riche sur le pauvre. Le chemin nous est tracé ; à nous maintenant, prolétaires, de marcher résolument au but ; à nous d'applaudir aux efforts de notre libérateur en lui donnant notre concours ; et pour cela que faut-il ? Nos signatures, et le plus minime des sacrifices, cinquante centimes par mois. Eh bien ! est-il un seul d'entre nous qui ne puisse à ce titre devenir actionnaire ? Je ne le pense pas.

J'ai dit sacrifice, parce que les versements faits à la Banque du Peuple ne rapportent point intérêt ; mais aussi, nous ruinerons le capital, nous détruirons l'oppression : immense compensation.

Oui, désormais, ô vous tous, ouvriers, agriculteurs, industriels, l'intelligence vous suffira, et vous n'aurez plus à compter dans vos entreprises ni les pénibles déblais de l'usure, ni les indemnités, dîmes, pots-de-vin, redevances de tous genres exigés par l'impitoyable seigneur capital pour prêt, fermage, abandon de clientèle, ouverture de crédit, etc.

Je quitte ces premières considérations pour esquisser en quelques lignes la solution pratique du problème posé, et j'aborde la première condition de l'homme en société: vivre par l'échange.

Toutes les professions, en effet, n'existent spécialement que par le moyen de l'échange, puisque l'homme serait le plus malheureux des êtres s'il lui fallait subvenir par lui-même à tous les objets des besoins de son existence en les créant successivement. Il est donc plus simple que chacun s'adonne à une seule branche de l'utilité publique, et échange le fruit de son travail contre les autres spécialités, satisfaisant tous ses goûts, tous ses besoins. C'est ce que la société comprit dès son enfance.

La nécessité de l'échange reconnue et définie, restait à convenir du signe représentatif de la valeur. Après avoir successivement apprécié les inconvénients et les avantages de telle ou telle denrée, de tel ou tel produit, on admit pour termes de transaction les métaux précieux, l'or, l'argent, le cuivre, à cause de leur brillant, leur inaltérabilité, leur valeur intrinsèque et la facilité de leur circulation.

Ainsi fut accompli le premier progrès de la civilisation industrielle.

Plus tard, l'industrie et le commerce prenant une grande extension, le chiffre des négociations croissant toujours, les métaux précieux même présentèrent un obstacle à la facilité, à la promptitude des échanges, puis, l'insuffisance. De là, la création des banques, des valeurs en papier.

A l'homme isolé, le billet et le numéraire sont d'une égale insignifiance. Dans la société, le billet remplace l'or et l'argent ; mais sa valeur n'est que fictive ; elle n'a rien d'intrinsèque.

Toutefois, cette représentation fictive de la valeur a pour base, dans le billet de l'Etat, une valeur réelle ; c'est la propriété foncière et mobilière. Ainsi, nul n'a crédit à la Banque de France, par exemple, s'il n'est bien reconnu qu'il possède telle propriété garantissant l'émission qui lui est faite. Or, de cette agglomération de propriétaires et de capitalistes, piédestal de la Banque de France et autres administrations financières, dérive la prospérité nationale et l'activité du commerce; mais aussi, au caprice de ces souverains du coffre-fort, les crises, les agitations et la misère, selon que leurs priviléges sont plus ou moins respectés du patriotisme défaillant ou de la liberté jalouse de ses droits.

Ces petits rois par la grâce des écus coupent, taillent et rognent à leur aise, au moyen des consciences qu'ils achètent. Ils séduisent à prix d'or auteurs et journalistes, gens spirituels sans doute, mais sans force d'âme quand leur verve tourne au plus offrant comme l'aiguille au pôle.

Je reviens à l'explication des conséquences matérielles de la propriété, et je remonte un instant à sa source.

Quiconque a ouvert l'histoire sait comment le territoire fut partagé au sortir de la barbarie : d'un côté l'habileté des Druides, amis du pouvoir royal, propageant à pleines mains le fanatisme et le mensonge; d'autre part un troupeau d'esclaves ignorants obéissant aveuglément aux fantaisies de l'arbitraire. Ici, la propriété échue de droit divin; là, la servitude et la pauvreté, conséquences de la loi de Dieu, disaient eux-mêmes les imposteurs revêtus de l'étole ou ceints de la couronne.

Donc, depuis les premières générations jusqu'à nos jours, le territoire injustement accaparé par un petit nombre de familles fut transmis d'héritiers en héritiers, de descendants en descendants, sous la sauvegarde d'un mensonge inhérent au trône : le droit divin. Quant au peuple, pour cette seule raison, il fut toujours exclu de la propriété : barbare préjugé! De par la loi de Dieu, il fallut reconnaître alors que la souveraineté de la race prédominerait à jamais.

Les insensés! ils comptaient sans la lumière.

Toutefois, au milieu de cette immense anarchie de lois stupides, de décrets absurdes de la démence royale qui salit notre histoire, il est juste de rendre hommage à l'équité privée, dans le respect conservé à l'égalité de tous les membres d'une même famille pour les droits de succession.

Le droit d'aînesse fut heureusement repoussé, et en cela la législation a mis un modérateur dans les secousses sociales qui, malgré ses résistances, précipiteront la société dans la voie du progrès jusqu'à sa perfection, c'est-à-dire l'égalité républicaine, mot incompris encore.

Mais, observons-le, cette subdivision de la propriété par la multiplication des héritiers remonte toujours au privilége de caste, et il n'en résulte pas moins l'évidence de l'injustice humaine pour ces malheureux, — et il s'agit des cinq sixièmes de la population, — qui, nés dans le giron de la pauvreté, vivent et meurent ignorants, misérables, léguant à leur postérité le seul bien qu'il leur soit permis d'acquérir : l'art du travail corporel ; encore n'ont-ils que le droit douteux de l'exercer ; droit qu'ils ne peuvent transmettre !

Je ne m'étendrai pas sur ce dernier chapitre ; de plus habiles patriotes que moi se sont faits à cet égard les défenseurs énergiques de l'ouvrier.

Voilà donc la société cadastrée en deux familles : la famille du privilége, du bonheur, représentant un sixième de la population ; et quant aux cinq sixièmes dont on ne s'occupe pas, c'est la famille des souffrants, des malheureux, voués au rôle des victimes du Dante. Et qu'on le sache bien, ici ne figurent pas seulement les prolétaires, j'y compte aussi les petits agriculteurs, les petits industriels, les petits commerçants, véritable engrais de la spoliation usurière.

Alors, dis-je, que propriété, capital, exploitations industrielles, tout est envahi par la dictature du privilége, alors que financiers et propriétaires possèdent entre leurs mains toutes les ressources du pays, ils ne le confient au travail, leur esclave, qu'aux conditions qu'il leur plaît, conditions toujours écrasantes pour le producteur.

Heureusement pour le serf, cette domination féodale ne peut avoir de durée qu'autant que la lumière ne viendra pas luire à l'intelligence du travailleur et lui dessiller les yeux ; car dès qu'il sera convaincu de ses droits et de sa force, il aura bientôt secoué le joug des tyrans de la finance, et voici le petit raisonnement qu'il fera :
« Comment! depuis des siècles le travail obéit
« aveuglément aux volontés du capital quand il
« tient le pays en tutelle sous sa puissance; c'est
« lui qui reçoit la loi quand il pourrait la faire!
« lui qui supporte les chômages, la misère, la
« faim, l'agonie des infirmités! arrière l'abus et
« l'oppression! je commanderai désormais; car

« c'est moi qui donne vie et prospérité au pays ;
« c'est moi qui creuse le sillon de la semence,
« qui prépare et moissonne, qui file, tisse et fa-
« çonne les vêtements, qui fonde les palais, enno-
« blis ma patrie par les arts ; sans moi la nation
« ne serait que steppes et ruines, je veux donc
« ma part des résultats de mes peines ; je de-
« mande aujourd'hui le bilan de la société, cer-
« tain d'y découvrir l'incapacité et l'égoïsme,
« puisque je souffre souvent des privations de la
« misère.

« O vous tous, producteurs, frères, si nous n'a-
« vons pas l'argent, nous avons la fortune du
« pays dans nos bras, nos intelligences, et ce
« capital est plus souverain que les mines d'or de
« la Californie. A défaut du signe d'échange
« que possèdent les stupides financiers dans des
« souterrains bardés de fer, nous aurons un signe
« de confiance établi entre nous, nous aurons le
« billet de circulation du citoyen Proudhon, nous
« aurons notre banque, la Banque du Peuple,
« dont la garantie reposera sur nos produits, sur
« notre solidarité, sur notre pacte d'alliance juré
« par la foi de l'émancipation.

— 14 —

« Et, soyez-en convaincus, frères, et vous ca-
« pitalistes méchants, la Banque du Peuple écra-
« sera la Banque de France, aussi évidemment
« que le travail doit gouverner le monde, aussi
« vrai que Dieu écrasera la tête du serpent ten-
« tateur. Oui, c'est par la volonté divine que l'i-
« gnorance disparaît et que jaillit la vérité. »

Eh bien! je le dis avec une conviction profonde, le jour que tous les travailleurs auront
analysé les conséquences de la Banque du Peuple, le jour que tous seront pénétrés de l'étendue
de leur pouvoir en acceptant un signe d'échange
affranchi d'usure et d'intérêts, monétisant bras et
intelligences, alors de ce jour, en dépit du vieux
capital anéanti, commenceront la régénération
de la France et l'affranchissement de l'univers.

Tyrans couronnés et châtelains du coffre-fort,
vos escadrons seront impuissants contre l'impé-
tueux courant de cette idée grandiose; elle vous
anéantira tous d'un souffle aussitôt que la vérité
aura déblayé le terrain encore jonché de pensées
rétrogrades : elle marche, elle progresse ; bientôt
va expirer votre règne.

L'idée, en brisant les sceptres et renversant

les trônes, n'a accompli que la première phase de la révolution du globe : qu'elle détruise la féodalité des écus, le mouvement de rotation sera complet, et un seul point de la terre ne restera plus privé des rayons vivifiants du soleil de l'humanité.

A l'œuvre donc, laboureurs, artisans, industriels, apôtres de toutes les professions productives, devenez les soldats de votre émancipation, étudiez, raisonnez la grande œuvre du banquier démocrate, et ne refusez pas votre concours aux patriotes vos amis qui vont, bravant la calomnie et les préjugés, en éclaireurs du pauvre qui gémit, frayant la route de l'égalité tant prêchée.

L'égoïsme a toujours dit : Richesse c'est bonheur ; le philosophe dit avec plus de raison et de générosité : Le bonheur c'est la seule richesse du monde. Dédaignez l'avidité de l'or, car vous êtes riches, prolétaires, vous avez une intelligence pour diriger vos travaux, des bras pour féconder les champs et l'industrie ; ce qui vous ronge est un vice d'organisation, détruisons-le. Croyez-vous qu'elles soient heureuses ces avides phalanges qui, poussées par l'appât d'une fortune idéale, délaissant une terre qui les nourrissait, sont allées envahir la Californie dans l'unique but de conquérir un métal? Là, point de culture; on ne voit qu'une frénétique ardeur à tourmenter les rochers, à remuer une nature sauvage abandonnée ensuite à l'état de steppes; aussi les maladies, la misère, la faim, déciment tous les jours ces innombrables bataillons du fisc. Eh bien! l'or fait-il la richesse et le bonheur!... Ah! croyez-moi, le vrai trésor, vous le possédez, car la France est fertile et vous êtes laborieux. J'ai prononcé un grand mot, le mot régénération : croyez bien, citoyens, que ce n'est point là une expression ambitieuse, sonnant dans le vide des idées abstraites; non. Aussi, j'espère vous prouver la légitimité du mot en vous démontrant les résultats infaillibles de la pensée qui l'a créé. Si vous m'avez suivi, vous avez vu qu'érigeant une institution supérieure à la Banque de France par la libéralité de son but, toute la métamorphose du monde doit découler pratiquement de la gratuité du crédit. En effet, quel est le plus grand obstacle aujourd'hui à la consommation, si ce n'est la misérable position faite aux consommateurs par les ravages des intérêts du capital, qui va toujours gonflant et grossissant dans les mêmes mains!

Le plus grand malheur de la société ancienne, du vieux monde en décomposition, c'est d'avoir admis le droit de l'intérêt, c'est-à-dire le rapport d'un travail antérieur aux dépens du travail présent, dans lequel figure seulement comme outil de production le prolétaire déshérité, qui ne reçoit, lui, qu'un salaire toujours décroissant.

Aussi, que résulte-t-il de cet état anormal de la société? Crises, agitations, révolutions, et si le courant de la réforme sociale reflue vers sa source, battu par la réaction, la banqueroute générale livre le bilan du pays aux mains de quelques agioteurs : alors la féodalité est relevée sur ses ruines. Est-ce donc là, conservateurs zélés, ce que vous appelez l'ordre? Pour moi je ne puis y reconnaître que l'anarchie. L'ordre? mais si vous en voulez la définition véritable, ouvrez les yeux, jetez un regard sur la nature, et vous verrez qu'à toutes les plantes est également prodiguée la rosée. Eh bien! de même dans l'humanité, tous les êtres doivent avoir part égale au banquet de la vie.

Je tiens à expliquer d'une manière plus détaillée l'effet du mécanisme de la spéculation, qui rendrait, aussi bien que les ouvriers, fabricants, industriels et petits bourgeois victimes de l'usure des plus puissants capitalistes.

En effet, tout le commerce, toute l'industrie, on le sait, possèdent beaucoup de papier et point d'argent ou très-peu. Or, que la confiance disparaisse, que le crédit s'ébranle, il faut tout à coup monétiser les transactions, et par conséquent se déclarent d'innombrables faillites, les artères de la circulation restent privées du numéraire rentrant au cœur de l'agiot; puis, suivent les expropriations à prix réduits : double bénéfice pour la finance, double perte pour le travail!

Ce n'est pas tout, admettons un instant qu'à la faveur de l'ordre despotique assuré par les baïonnettes et le sabre, présage d'une nouvelle tempête pour les clairvoyants, d'une sécurité durable pour les aveugles, supposons, dis-je, que sous la protection du canon et de la mitraille les affaires renaissent et la circulation se rétablisse, après la ruine de la moitié des industriels et des commerçants, croyez-vous, frères égarés, défenseurs des priviléges, conservateurs enfin, que le capitaliste ne voudra pas, comme l'on dit, rattraper le temps perdu? Pour mon compte, j'en suis convaincu, et il ne livrera ses capitaux qu'à des conditions plus onéreuses; de sorte que la révolution sociale de février, dans le but de soulager les nécessiteux du peuple ainsi que les détresses du commerce et de l'industrie, aurait affermi la féodalité du capital, la souveraineté de la finance usurière.

Toutefois, je veux aller au devant de toutes les objections, et je veux bien reconnaître, avec une loi spéciale, l'impossibilité au prêteur d'élever le taux de l'intérêt au-dessus de 6 popr 100. Eh! mon Dieu! est-ce qu'il n'y a pas mille moyens, sans enfreindre cette loi, de convertir en intérêts une infinité de sacrifices du travailleur qui ne portent pas le nom technique d'usure? Et d'un autre côté, que l'on raie encore, si l'on veut, l'arbitraire de ces conventions, n'en résultera-t-il pas moins, au détriment du travail et à l'avantage du capital, cet immense produit des intérêts quadruplés pendant deux ou trois années de stagnation générale? Donc, le commerce pour payer ces intérêts engage son avenir. Le capital a toujours vécu en grand seigneur, et après avoir joui du passé, présent et avenir lui appartiennent. En un mot, de quelque manière qu'on analyse les antécédents et les conséquences de la vieille organisation sociale, le dénouement est toujours ceci : le producteur esclave et souffrant, le riche oisif et prospérant aux dépens du premier.

Encore une fois, amis du commerce et de l'industrie, en persévérant dans votre rôle conservateur, vous vous enchaînez à la glèbe.

Examinons le prolétariat après la victoire du capital sur l'industrie; il est plus malheureux que jamais : point d'exportation ou très-peu; car toutes les nationalités étrangères, aidées du progrès des arts, emploient les ressources de leur territoire à leur propre industrie, et le Créateur a distribué partout les productions naturelles en rapport aux besoins des habitants de chaque pays : l'insatiable avidité du gain, seule, embrouille l'ordre de la nature et méconnaît la volonté du Tout-Puissant. Je ne vois bientôt plus dans les

spéculations extérieures que les objets à l'usage
de la science médicale et des fantaisies de l'art :
tristes ressources pour l'aliment du capi'..' qui
exploitait les bourgeoisies étrangères!

Eh bien! alors que la France est obligée de se
contenter de ses propres éléments de consommation avec l'ancienne organisation sociale, alors
que prolétaires et entrepreneurs sont misérables
par les conséquences de l'usure, alors que l'a-
bondance existe dans la plus faible fraction de la
société et l'agonie dans les cinq sixièmes, majorité imposante des producteurs et des intelligences, alors, dis-je, une telle société ne peut se
soustraire à une régénération prochaine; et, je
répète : conservateurs agricoles et fabricants de
la manufacture et du petit commerce, vous qui
voulez soutenir les droits de l'hérédité et des
spéculations antérieures, voulez-vous donc pro-
stituer l'avenir au passé, sacrifier le bonheur de
vos enfants aux générations de l'usure! Non, vous
ne le voudrez pas, et vous saurez distinguer, dans
les prochaines élections, entre les vrais repré-
sentants d'un peuple malheureux et les apôtres
de castes dédaigneuses; vous saurez séparer l'i-

vraie du bon grain. Patriotes, prenez-y garde, de ce choix dépendra la tranquillité du pays.

J'entends souvent dire aux hommes sages et modérés que quiconque veut travailler et donner l'exemple d'une bonne conduite parvient tôt ou tard à la fortune ou au moins à assurer l'existence de sa famille et de ses vieux jours : ironie et dérision! Oh! que d'honnêtes victimes, restées dans l'ignorance, répondent en gémissant à une semblable révélation de leur sort! et comme il est facile au pauvre de lutter avec le riche, qui a tout envahi!

Comment! vous accordez fortune et instruction à l'un, vous frappez l'autre de misère et d'ignorance, et vous voulez que ces deux êtres antipodes marchent dans l'avenir avec un succès égal! Folie! Mais voyons, je veux plaider votre cause tout en défendant celle du malheureux. Ainsi, je conviens avec vous que l'on vit tel individu parti du faîte de la fortune terminer misérablement son existence, quand tel autre, né sous le chaume, parvient à la richesse : eh bien! est-ce à dire, pour ce rare exemple, que la société est bien constituée?

Vertueux moralistes, vous oubliez toujours le complément du dilemme : c'est que la règle générale de l'abus reste toujours la même, à cela près d'une exception extraordinaire sous les deux rapports. En effet, il est généralement aussi rare de rencontrer l'abrutissante débauche alliée à l'instruction, que le génie fertile avec l'ignorance. Et puis n'oubliez pas que tel état était lucratif il y a cinquante ans, qui est condamné aujourd'hui à expirer d'inanition tout en possédant plus de talent d'exécution. Or, plus les positions sont difficiles à conquérir, et mieux s'attachent à les conserver les privilégiés de la naissance; si bien que pour légitimer votre comparaison de tout à l'heure, il faudrait admettre un étonnant prodige de l'ouvrier pour entrer dans le sanctuaire de la fortune, et à l'élu héréditaire, pour en sortir, toutes les ressources bien calculées de la prodigalité et de l'inconduite. Est-ce donc là un argument par lequel la bourgeoisie du commerce, dont nous, socialistes, nous voulons servir les intérêts, puisse défendre les prétentions de ses oppresseurs oisifs, les capitalistes et les usuriers? Je ne le pense pas.

J'affirme au contraire que, commerce, industrie et prolétariat, ne formeront bientôt qu'une
même communion de frères devant l'autel de
l'émancipation : la Banque du Peuple. Oui, frères, l'autel de la liberté et de l'émancipation sociale, nous devons le reconnaître dans cette no-
ble entreprise : venez, venez tous y proférer le
serment d'adhésion.

La gratuité du crédit, citoyens, ou l'abolition
si légitime de l'intérêt, c'est-à-dire le rapport
d'une matière inactive, place les populations sur
une tout autre base que le terrain des passions
égoïstes nées du privilége; car alors l'agriculture
et l'industrie, délivrées de l'oppression, fécon-
dées par tous, produisent pour tous à bon mar-
ché : plus de parasites, plus de pauvres en gue-
nilles usés par la misère, agonisant de faim et las
d'une existence douloureuse.

Encore un pas, et nous touchons au socialisme :
étrange surprise pour les réactionnaires, de voir
prospérer cette science sous l'égide de la loi!
Oui, c'est le Code de commerce à la main que le
citoyen Proudhon marche à la destruction des
vieux droits féodaux, et il lui a suffi de fonder

une entreprise en commandite pour démontrer pratiquement aux insensés qui le traitaient d'utopiste, que ses projets n'étaient point le résultat d'une imagination en délire.

Citoyens, le socialisme n'épouvante même plus ni enfants ni grand'mères, parce que la douceur de son culte sied à toutes les âmes, et quiconque a des sentiments généreux se sent attiré vers son foyer salutaire.

Vivre en travaillant est la prière des ouvriers; ils ne doivent plus implorer désormais. Et vous, dandys de l'opulence, résignez-vous dès ce jour à contracter l'habitude du travail, car la raison condamne l'exploitation de l'homme par l'homme, et chacun sera fils de ses œuvres. La blouse, assez longtemps, s'est dévouée pour vous, et pourtant malgré votre dédain, votre ingratitude, le prolétaire vous aimera, vous appellera son frère!

Je ne puis éluder une définition du socialisme, si courte fût-elle, pour deux motifs:

D'abord, pour repousser toute insinuation royaliste tendant à accuser la démocratie de manquer ou de bonne foi ou de courage dans la profession de foi de son opinion; en second lieu pour com-

battre et changer ces idées répulsives que des ennemis systématiques propagent sur notre doctrine sans la connaître.

De la Propriété.

Citoyens, il n'y a pas deux manières de dire la
vérité : la propriété n'existe que par le travail ;
le véritable et légitime propriétaire est celui qui
exploite directement.

Telle se présente la définition de la propriété à
l'esprit du socialiste ; mais par la conséquence de
ce même principe de logique, et pour l'enchaînement des idées, il lui sied de concilier l'arbitraire avec le droit, afin de favoriser sans secousses, sans douleurs, sans déchirements, l'avéne-
ment de la société au règne de la justice. Deux
voies se présentent : l'une, pacifique, c'est l'association des travailleurs à la Banque du Peuple ou

aux associations analogues ; l'autre violente, c'est l'impitoyable courant des passions érigeant par la force des choses le socialisme sur le flot populaire.

Hommes de paix, nous condamnons cette dernière pour reporter toutes nos sympathies vers le système légal de la gratuité du crédit.

Mais jetons encore un regard rétroactif pour bien convaincre le lecteur que le socialiste n'agite pas sans motifs, en brouillon inconséquent, l'atmosphère politique : conservateurs qui voulez, qui préchez le droit de l'intérêt, savez-vous quelle position vous faites à la France ? Eh bien ! vous en faites mathématiquement et fatalement un pays malheureux et souillé de passions engendrées d'un excès de misère contrastant injurieusement avec l'extrême opulence. En effet, j'admets que la France possède une valeur de 100 milliards, tant en capitaux qu'en propriétés foncières et mobilières, ces 100 milliards à 5 p. 0/0, terme moyen, produisent une rente, un intérêt de 5 milliards, ce qui explique qu'au bout de vingt ans le capital sera doublé, c'est-à-dire que nous aurons dû dans cet espace de temps gagner cent pour cent sur notre exportation ou doubler les ressources de notre territoire, résultats également impossibles; car, d'une part, le chiffre de notre exportation balance toujours à peu près le chiffre d'importation, et d'un autre côté on ne peut admettre deux Frances dans une après vingt années d'industrie et d'agriculture, d'autant plus que la consommation doit toujours absorber la production quand le peuple ne souffre ni la faim ni le froid.

Or, que résulte-t-il de cette loi de la propriété? c'est que forcément une lutte s'engage à l'extérieur, lutte terrible, déplorable, funeste: le pays n'offre plus qu'une arène où l'on se précipite pêle-mêle les uns contre les autres, où le plus fort triomphe du plus faible, le plus rusé du plus loyal, le plus méchant du plus généreux; ce n'est pas tout: pour surcroît de peine et de deuil, la haine, le mépris, la calomnie, la prison viennent encore en stigmates infâmes flétrir à jamais l'honnête homme qui, après avoir combattu courageusement, succombe enfin sous l'écrasant fardeau de l'usure!

Oh! ils avaient bien raison, ces protecteurs de l'abus du privilége, de nier le droit au travail pour assurer le droit à l'assistance ; car bientôt, citoyens, si le courage et le patriotisme abandonnent le parti régénérateur, il n'y aura plus en France qu'esclavage et tyrannie, mendicité du pauvre déshérité, et dédain du riche jetant à la misère le superflu de sa table. Quiconque du peuple ne voudra pas ramper mourra de faim : sanglant défi jeté à l'imposante majorité des travailleurs ! Je parle ici sans colère, je dis la vérité. Voulez-vous une preuve plus frappante encore que la première, de l'absurdité de l'intérêt du capital ? la voici : Soit admis que la fortune du juif Rotschild, le plus gros capitaliste de la France, s'élève à 2 milliards, comme l'ex-baron banquier ne dissémine pas son trésor par des mésalliances, il est évident que par l'aide de la table de Pythagore, nous allons reconnaître en un instant que toute la fortune du pays doit un jour s'engouffrer dans sa caisse, ou être frappée d'hypothèque en son nom. En effet, si 100 milliards rapportent 5 milliards par an, 2 milliards produisant 50 fois moins mettront 50 fois plus de temps à atteindre le chiffre qui représente la richesse nationale ; donc 50 multiplié par 20 donne 1,000, c'est-à-dire qu'en l'année dix mille huit cent quarante-neuf la France sera la propriété des descendants en ligne directe de sa majesté juive le seigneur de Rotschild. Remarquez-bien que ce rusé grippe-sou prête de préférence à l'État, garant infaillible, puisqu'il dispose de la force armée et rend le peuple corvéable à sa volonté; du moins, les conservateurs raisonnent ainsi la question. Aussi, par cela même, auraient-ils mauvaise grâce à tourner en dérision mon calcul sur l'avenir en soutenant que le royal financier se trouve aussi exposé qu'un honnête négociant, attendu que l'État peut sombrer. Car alors, je leur dirais: de deux choses l'une, ou vous serez dans votre postérité les valets des descendants de Rotschild, ou l'État d'ici là fera banqueroute. Or, la banqueroute du pays, c'est l'avènement du socialisme: encore un moyen d'y arriver que vous nous faites connaître.

Le grand homme qui a dit il y a un demi-siècle qu'avant cinquante ans l'Europe serait république ou cosaque n'a pas seulement prédit la lutte de la roture contre le blason, mais encore du travail contre le capital. La liberté ne triomphera réellement que le jour où l'usure aura perdu ses prérogatives injustes, inhumaines. Aussi, en réformateurs prudents, ce que nous implorons, nous, prédicateurs de l'association fraternelle, c'est la paix, la paix à tout prix, seul moyen de faire prospérer au reflet du foyer de la lumière notre doctrine d'émancipation. Le problème étudié et résolu, nous en voulons l'application, c'est là surtout que disparaîtra l'utopie.

Peuple de l'atelier et de la plaine, artisans de toutes conditions, de l'assurance, de la résolution, un mot, un seul mot : « J'adhère à la Banque du Peuple, » et vous aurez conquis le droit de vivre en travaillant.

Oui, quoi que vous puissiez dire, hobereaux et barons du cumul, si d'une voix unanime deux millions de travailleurs faisaient entendre ces paroles de délivrance, les malheurs qui nous menacent disparaîtraient aussitôt, au ciel orageux des passions égoïstes succéderait un horizon sans tache, et la transformation du monde s'opérerait pacifiquement, par la seule puissance de la raison et de l'abstraction vers cette société modèle, exempte du principe parasite de l'usure.

Malheureusement, l'on oppose une opiniâtre résistance, et la calomnie de l'ignorance ou de la haine construit partout des digues en travers du courant de l'idée : là est le danger, car l'avènement forcé que nous repoussons, renversant les digues, se fera avec fracas sur des ruines.

Conservateurs, entendez la voix de l'humanité qui vous crie : Cessez, oh ! cessez ce combat de triste augure ; le pauvre assez longtemps a souffert, et loin de nuire à l'anéantissement de l'usure qui lui retire son pain, encouragez la gratuité du crédit, protégez la Banque du Peuple. Vous jouirez alors paisiblement et sans craintes de vos propriétés, de vos capitaux.

Croyez-vous donc que le socialiste ait un seul instant rêvé l'appropriation spontanée et en commun de ce que vous possédez ? Jamais, jamais ! Loin de moi, loin de mes frères de pareilles idées !

Inspirés du grand peuple de Février, la probité pour nous est la loi la plus sacrée ; nous vous laissons donc vos propriétés, nous respectons vos titres ; mais après vous avoir prouvé que l'intérêt en est impossible, barbare même, nous luttons de toute notre énergie, de toute notre âme contre ce fléau dévastateur. Nous voulons, dis-je, que le capitaliste vive, non plus du revenu de son argent, mais par la dépense de ce capital désormais justement improductif, puisque l'argent n'a ni bras, ni jambes, ni intelligence pour féconder. Le même raisonnement s'applique à la propriété foncière qui sera remboursée à sa valeur. Capital et propriété foncière étant inséparablement liés, ne formant qu'un seul et même corps, si par l'inévitable extension de la Banque du Peuple la révolution se fait dans l'un, elle atteindra l'autre et sera universelle.

Ah! je comprendrais les haines contre le socialisme si nous voulions déshériter le possesseur d'un champ, d'une maison, d'une somme quelconque; aussi, nous combattons cette malheureuse calomnie, et nous répétons partout, en tout lieu, que la jouissance du bien-être, acquis aujourd'hui est une nécessaire transition de la vieille société au règne de l'Évangile. Oui, je comprendrais la colère dont on nous poursuit, si nous voulions, devançant l'œuvre du temps, précipiter de l'opulence oisive dans un travail hors de leurs facultés et de leurs forces, ces victimes, après tout innocentes, de la corruption, de l'injustice, de la mollesse des siècles derniers ; si nous voulions enfin leur imposer des examens en pratique ou en théorie dans lesquels leur évidente incapacité les couvrirait de honte. Non, non jamais encore le vrai socialiste n'a voulu cela. Ce serait lâcheté, et nous ne serions plus du grand peuple révolutionnaire. Frères, répondons au contraire au mal par le bien, à l'oppression par la résignation, c'est la plus belle vengeance. Le riche ne sait pas employer ses facultés, eh bien ! laissons-le dans l'oisiveté dépenser son avoir et préparer à sa postérité les ressources du talent et du travail.

Et que nos ennemis le comprennent bien, en abolissant l'usure nous doublons la fortune du riche, loin de la lui ravir. Pourquoi ? parce qu'en défalquant la production énorme des intérêts sur tous les objets de sa consommation, tout lui sera donné à moitié prix de l'ancienne valeur, et par cela même qu'il pourra vivre soixante années au lieu de trente avec la même somme, sa fortune sera doublée. Et, de plus, reconnaissez dans la suppression de l'intérêt une puissance de logique irrécusable ; car nul intérêt n'est brusquement froissé, nulle ressource ne disparaît subitement : ainsi, le gros capitaliste qui a enseigné à ses enfants le dédain des choses utiles, en les encourageant dans l'exercice d'une infinité de superfluités agréables, possède pour eux et pour lui, bien largement, le moyen de supporter la transition sans qu'un seul de ces hôtes privilégiés souffre de la moindre privation, même dans le plaisir. Quant au petit rentier, ayant fait contracter à son fils des habitudes demi-ouvrières, il pourra encore venir en aide au jeune homme jusqu'à ce qu'il puisse se soutenir de ses propres ailes.

Mais, me dira-t-on, vous allez vous avancer dans le socialisme sans vous émouvoir des obstacles insurmontables de l'autorité, et il semblerait à vous entendre que le gouvernement va prêter son appui à l'abolition de la rente. Citoyens, vous devancez précisément ma pensée, et je soutiens que la lumière une fois faite, ce qui ne tardera guère, avec une propagande énergique, les sympathies générales grossiront tellement le faisceau démocratique, que la majorité de la France deviendra socialiste, et qu'enfin le suffrage universel, par ce pouvoir phosphorescent de la liberté et de l'égalité, érigera un gouvernement socialiste éteignant à jamais les dissensions de tous les partis. La presse, le suffrage universel, voilà nos armes ; on ne peut nous les ravir qu'en détruisant la Constitution ; or, violer la Constitution, c'est appeler le peuple entier à la résistance, et cette fois nous n'irons pas faire expirer le droit sur les baïonnettes de l'arbitraire ; nous n'irons pas nous heurter contre ces machines de guerre aveugles que l'on appelle les soldats du pouvoir, car l'armée est encore trop fanatisée pour être à nous. Non, point de cette résistance brutale ; mais l'opposition légale, loyale : le refus du paiement de l'impôt ; la paix, encore la paix, toujours la stratégie de la paix.

Vient une autre question présumable à laquelle je dois répondre. Bien, diront les conservateurs ; vous voilà au sommet du pouvoir de par la voix du peuple devenu socialiste, si toutefois cela arrive ; cependant nous le supposons ; mais comment ferez-vous pour payer à chaque propriétaire la valeur estimative de son champ, de son bâtiment et de ses machines ? Comment nous ferons ? Oh ! dernier soupir de la réaction ! En vérité, chers docteurs de la science économique, oublierez-vous toujours que depuis la création la vérité longtemps, trop longtemps méconnue, a toujours proclamé le travail comme la seule valeur réelle de l'univers ! Eh bien ! si l'on admet que l'homme produit plus qu'il ne consomme, surtout en s'employant treize ou quatorze heures par jour, ainsi que l'a voulu notre organisation féodale depuis les premiers siècles, nous aurons le courage, la résignation de conserver encore au profit des oisifs cette situation anormale, jusqu'à ce que nous ayons soldé par nos bénéfices, une dernière fois, la propriété du pays dépouillée de l'usure. La génération actuelle des souffre-douleurs pourra bien ne pas profiter beaucoup de l'émancipation, mais nous aurons au moins la consolation, sur la fin de nos jours, de l'avoir assurée à nos enfants.

Il est des circonstances, citoyens, où l'expropriation devient un devoir sacré pour l'État. Eh ! mon Dieu, quand on achète quand-même un parc, un bois, un bâtiment qui coupe la ligne d'un chemin de fer, et cela pour cause d'utilité publique, je ne sais assurément pourquoi l'on hésiterait à exproprier les récalcitrants qui entravent le chemin du progrès, du bonheur, enfin, la voie de l'humanité.

Ici se dresse une merveilleuse parodie de certain journal rétrograde, une tirade que j'ai lue, je ne sais plus où ni quand, mais dont voici le sens :

Voyez ce que proposent ces sages réformateurs, avec leurs idées creuses d'améliorations : ils veulent que toutes les habitations deviennent la propriété commune de la société, si bien que les jalousies, les rivalités, les variations ou même les sympathies des goûts feront de toutes les villes, de toutes les communes, un affreux capharnaüm d'incroyable désordre où nul habitant ne sera jamais content ou en repos, parce que les droits étant égaux pour tous, on criera à l'injustice si tel individu habite un palais, quand son voisin dort sous le chaume. Ou bien, il faudra reconstruire toute la France en habitations exactement conformes pour obtenir la tranquillité.

Ainsi parlait ce journaliste; il critiquait, il parodiait; mais s'occuper de trouver un correctif, à quoi bon? Quand on déchire par esprit de parti, enseigner le remède au mal, même au profit du bien-être général, serait manquer à son engagement, faillir à sa foi d'écrivain soudoyé. Eh bien! en dépit de cette mauvaise volonté, force nous est à nous de lever l'obstacle, et nous formulerons par exemple un petit décret ainsi conçu:

Après l'achat par l'Etat, au nom du peuple, de tous les bâtiments d'habitation, les ex-propriétaires seront encore titulaires chacun de son immeuble, mais ne pourront louer aux citoyens qui leur conviendront, qu'aux prix seulement d'estimation des réparations locatives, ce qui fera, je pense, environ 1/2 pour 100 de la valeur.

Quant aux usines, fermes, ou tous corps de bâtiments afférents aux exploitations agricoles ou industrielles, ceci rentre dans les attributions du travail dont il sera parlé à ce chapitre.

Il faut donc en convenir, toutes les oppositions que l'on nous fait sont mal fondées; car après avoir bien étudié, bien retourné la question du socialisme dans tous ses sens, la réaction ne peut nous accuser que d'un seul crime, c'est de vouloir débrouiller le chaos dans lequel s'agitent, se heurtent, se morcellent les faiblesses ou les passions de l'humanité depuis l'origine du monde. Mais vous aurez beau faire! nous persévérerons résolument dans notre tâche, dédaignant à la fois et la calomnie des préjugés, et au besoin les verroux de la prison.

Maintenant que la transition est expliquée, commentée sous toutes ses faces, je vais aborder et définir les autres chapitres du socialisme comme s'il fonctionnait.

Vérité terrible et féconde! pour le vieux monde, c'est un volcan qui vomit la lave destructive; pour l'ère nouvelle, c'est un phare qui rayonne sur l'indigence, la guide, la pénètre d'ardeur et d'espérance. Or, le socialisme admettant le travail de tous, le mot propriété change sa définition et l'applique à tous collectivement, la retire à quiconque individuellement. Or, si l'on aime mieux, chacun est propriétaire de son travail, de ses facultés productives, et l'élément sur lequel il les exerce reste à la nature, à la société tout entière.

De l'Instruction.

Comme base de l'égalité, j'invoque tout d'abord pour tous l'instruction gratuite, obligatoire quant aux éléments de la science et de l'économie politique, facultative pour les degrés élevés.

La nature est plus ou moins favorable aux organisations intellectuelles ; par conséquent les élèves qui seront doués d'une plus grande facilité pousseront, sans autre stimulant que l'attrait du savoir, leurs études plus loin que les imaginations naturellement lourdes, qui, rebutées par la difficulté des degrés supérieurs, se borneront aux éléments. Là encore l'harmonie existe.

Le temps des études expiré, chaque citoyen, en vertu d'un examen, est déclaré apte à remplir telle profession qui lui aura inspiré plus de sympathie, et pour laquelle il aura plus spécialement travaillé.

Du Travail.

J'entends par le mot travail l'emploi de ses facultés physiques et intellectuelles dans toutes les branches du monde productif : agriculture, industrie, sciences, arts, administration, etc.

Les besoins de l'homme, même ses goûts, sontils donc si multipliés qu'on ne puisse en déterminer et en administrer régulièrement chaque spécialité?.... Un gouvernement socialiste ne redoutera pas ces minutieux détails nécessaires, car il en supprimera une infinité d'autres superflus, à commencer par tous les petits complots et les sourdes menées d'ambitieux aspirant aux places richement gagées.

Sur cette terre de France, l'honneur, qui fut toujours le plus grand talisman des célébrités, aura bien plus d'empire encore quand les masses, aujourd'hui ignorantes, auront été moralisées par une instruction toute républicaine, et qu'à l'ambition, ce mauvais combustible de l'honneur, on aura substitué la vertu de l'abnégation. Alors on dédaignera la question des intérêts matériels, on acceptera l'égalité de bon cœur, et chaque citoyen n'aura plus d'ardeur qu'à conquérir l'estime de ses frères. Ce qui est un problème insoluble pour les vieux préjugés devient la question la plus simple du monde à l'intelligence généreuse du socialiste sincère; ainsi même en droit, cette égalité de rétribution est plus logique qu'on ne le pense au premier aspect de la chose, et je vais tâcher de le prouver en faisant ressortir l'injustice de l'ancienne loi. La vieille formule de l'égoïsme, chacun pour soi, dit que l'homme doué d'une plus grande force physique sera plus rétribué que l'homme naturellement faible et maladif. C'est là, dis-je, une injustice, puisque le plus faible, pour produire moins, se donne infiniment plus de peine que le plus robuste pour produire davantage. Il en est de l'intelligence comme de l'état physique; mais c'est surtout dans le choc des capitaux que la loi du plus fort est plus meurtrière et plus parasite. Si donc le faible fut toujours la proie du fort, il est temps de délivrer la société de l'anarchie et d'admettre l'égalité des salaires comme la condition normale du travail.

Oh ! j'entends crier aussitôt à l'abus, à la paresse, au mauvais vouloir. Vigilants Sommaizes, vous parlez d'après les inspirations du passé, et par une frayeur mal fondée vous jetez un voile sur l'avenir dont nous voulons assurer la dignité. Autre temps, autres mœurs : un bon gouvernement fera de bons administrés ; de la loyauté dans tous les rangs, partant plus de paresseux, puisqu'ils seraient traîtres à la société, et nul ne voulant encourir un pareil anathème, l'équilibre des efforts communs naîtra naturellement de l'union fraternelle ; si le vice a engendré le vice, la vertu produira la vertu. Toutefois, je reviendrai sur ce chapitre de la répression des abus, afin de procéder plus systématiquement dans le mécanisme socialiste, et j'admettrai plus loin la paresse, la débauche, le crime même.

Puisque j'ai agité la question honorifique, je dois flétrir ici une acception impropre donnée au mot honneur dans le vieux langage ; car jamais

les professions n'ont eu un mérite proportionné
à leur utilité respective. En effet, qui n'a pas dé-
féré plus d'honneur au banquier qu'au prolétaire,
à l'avocat inutile qu'au cordonnier indispensable?
Le socialisme est donc logique aussi lorsqu'il dit :
Seront les plus honorifiques les professions les
plus utiles.

Le socialiste ne voit dans la répression des fantaisies de l'homme que le but de lui éviter du
tourment, et par cette raison le gouvernement
subvient à la distribution rationelle des rôles de
tous les citoyens dans la société. De cette mesure,
nécessaire à prévenir la confusion dont le passé
se trouve entaché, naîtra la bonne harmonie.
Ainsi, je suppose qu'une profession utile se trouve
délaissée en faveur d'une plus agréable où l'af-
fluence fût trop grande, l'État, dis-je, personni-
fication toute populaire alors, interpose sa pré-
voyance dans l'intérêt de tous. Remarquons,
après tout, que l'entraînement des vocations fut
toujours dans le passé intimement lié aux professions qui, plus privilégiées, attiraient plus d'as-
pirants; immense désorganisation que le socialisme ne propagera point. D'ailleurs, que cette loi

divine surgisse, ce qui ne tardera pas, je l'espère, et nous aurons deux cents ans à parcourir avant que nous éprouvions la nécessité du discernement approfondi de la classification des destinées.

Que dis-je? deux cents ans! bien plus encore, et la raison, c'est que la France gouverne le monde. — Or, le socialisme dans notre patrie, c'est le socialisme universel; alors toutes les nations nous tendront les bras, et loin d'étudier les moyens de n'être point à charge les uns aux autres, toute l'Europe occidentale sera bien insuffisante à disputer tout d'abord les vastes régions de l'univers au chaos de la barbarie. Ce ne sera plus exil et trahison que d'aller au loin porter les bienfaits de la lumière et des arts, puisque l'humanité entière, d'un pôle à l'autre, acceptera la fraternité pour devise de sympathie et d'éternelle union; enfin quarante siècles nous sépareront mathématiquement du fléau de la guerre civile. O hommes insensés qui, la dague au poing et la lance en arrêt, vous tenez prêts à vous déchirer pour un coin de terre, un titre, un préjugé, que sais-je! ne ferez-vous point trève pour vous réunir sous la même bannière démocratique et marcher à la conquête de la civilisation des deux hémisphères!

Avant de tourner des armes contre nous-mêmes, n'avons-nous pas à soustraire à la nature sauvage la possession et à la fertilité d'immenses territoires qui ne recèlent que des hordes barbares, des steppes et des bêtes féroces!

Jusque là, on ne peut voir dans les distinctions civiles au sein d'une civilisation avancée que d'horribles crimes: voilà surtout ce que veut éviter l'humanité du socialiste.

Qu'elles seraient nobles et généreuses ces gigantesques croisades organisées pour l'affranchissement du globe! Que l'on fasse appel au patriotisme de la nation, et assurément de si glorieux exploits réuniront tous les cœurs sous le même drapeau et vers le même but: le drapeau, citoyens, ne peut être que l'étendard de la république démocratique et sociale.

Français de toutes conditions, vous chérirez un jour le socialisme, et ce jour n'est peut-être pas éloigné; car l'intelligence populaire grandit et vous ne voudrez pas que l'histoire enregistre dans notre patrie l'infernale loi de Malthus immolant à la jouissance du riche l'enfant du pauvre au berceau !

C'est assez diverger, je reviens au principe d'organisation : après avoir admis et démontré qu'en droit tous les membres du travail, soit en agriculture, soit en industrie, en science, arts, administration avaient droit à la même rétribution lorsqu'ils employaient de leur mieux leurs facultés, il me reste à définir la direction du travail dans ses diverses acceptions.

Au sommet de la monarchie figurait un pouvoir non responsable et voilé ; le socialisme ne veut pas de rôle inactif, neutre, déguisé, partant, point de président de république, mais un agent administratif à la tête de chaque branche du travail, ayant ses subordonnés, tels aujourd'hui que préfets, sous-préfets, etc.

Assurément l'envie ne disparaîtra jamais totalement de la terre ; mais quand les divers degrés de l'administration n'auront de distinction que par les attributs du talent et de la vertu, quand un ministre sera l'égal d'un simple travailleur sur le terrain des intérêts matériels, alors, je puis l'affirmer, l'horrible fléau de la jalousie et des passions rivales aura bien décru.

Chevaliers de la monarchie, que ceci vous semble un rêve, une utopie, c'est bien ; mais vous ne m'empêcherez pas de vous répondre par cent mille voix du peuple contre une voix du privilége, qu'à tout prendre un laboureur vaut bien un ministre. Ils ont bien mérité de la patrie, n'est-ce pas, ces habiles législateurs empesés de leur grandeur qui, suant et soufflant toute une année pour accoucher de quelques mauvaises lois, ont fini par précipiter la société dans le giron des révolutions où elle va prendre l'équilibre qu'avec un peu de cœur ils lui auraient donné sans ces douloureuses transitions. Donc, le peuple, désormais gardien de ses droits par le suffrage universel, déférera avec raison autant de mérite au plus humble travail qu'autrefois l'on se plaisait à en attribuer aux plus hautes vanités de l'orgueil féodal ou monarchique. En d'autres termes, ce grand souverain veut inaugurer le règne de la vertu et du travail sur les ruines du veau d'or. Dans l'ère qui s'ouvre, le plus grand mérite d'un ministre socialiste, sera le profond amour pour ses administrés.

De l'Impôt.

Par ce qui précède, la nation ne représente plus qu'une vaste association gouvernée par elle-même ; elle compte le rapport de la production, en déduit les frais, et comme les bénéfices sont également répartis entre tous, de même les impôts qui entrent dans les frais frappent également tous les travailleurs. Cela est juste, logique, rationel.

Du Revenu.

L'homme qui jouit de toutes ses facultés produit plus qu'il ne consomme : cet excédant s'appelle bénéfice, puis bénéfice net après la déduction des frais du travail. Tel est l'état de l'homme dans la vigueur de ses facultés; mais vienne la vieillesse qui absorbe et éteint les facultés productives, il périrait infailliblement s'il ne retrouvait alors, d'après les calculs de la Providence, le superflu de ses jeunes années. Quel tableau nous offre le passé pourtant! Et combien de malheureuses victimes, après une existence irréprochable, sont allées expirer sur les grabats d'inhumains hôpitaux. Aussi, encore une plaie dont nous guérirons la société ; car, indépendamment des économies que le sage aura conservées pour l'aisance du grand âge, l'État, sur le budget des travailleurs, fournira encore à tout citoyen en retraite une rétribution uniforme, suffisante pour sa subsistance. La retraite aurait lieu à 60 ans.

Un homme fort spirituel, M. Félix Pyat, a condamné cette domination militaire de l'État sur la société; il a prononcé le mot tyrannie! Profonde erreur! D'abord, qui dit volonté du peuple, volonté de tous ou d'une immense majorité, condamne l'arbitraire de la tyrannie, et si nous ne parvenons jamais à obtenir la sanction de cette majorité, alors que la lumière se sera faite, nous serons les premiers à nous condamner, puisqu'en définitive le malheureux nous dirait lui-même: Je veux rester esclave et souffrant. Et puis, qui pourrait m'indiquer un seul homme vivant sur la terre qui ne soit tributaire de telle ou telle organisation au moyen de laquelle il pourvoit à son existence? L'ouvrier est tributaire du maître, le maître est tributaire du négociant ou du banquier, puis à leur tour négociant et banquier sont tributaires de la production de l'industriel et de l'ouvrier, et ainsi il y a solidarité entre tous les êtres d'un pays. Seulement nous établissons, nous, socialistes, une grande différence du nouveau régime à l'ancien : c'est que dans celui-ci existent de monstrueux abus ; le fort opprime le faible, tandis que dans celui-là le fort et le faible ont égal partage dans les résultats du concours commun. Si donc vous parlez tyrannie, elle sera infiniment plus douce dans le socialisme que dans la féodalité qui n'a cessé d'exister. Il faut une règle, dans toute société, pour ne pas dégénérer ainsi ; il y a eu de tout temps pour les uns la licence de l'oisiveté, pour les autres l'esclavage du travail ; il faut, dis-je, un frein modérateur de l'un à l'autre excès: nous aurons tous ensemble nos jours de travail, nous aurons tous ensemble nos jours fériés, et au lieu de la licence d'une part, de l'esclavage de l'autre, nous aurons tous la liberté: il est temps de donner à ce grand mot sa véritable signification.

Le Socialisme ne connaît pas l'hérédité.

En effet, si nous admettons ce principe incontestablement logique que l'homme ne doit jouir que de ses propres œuvres, si à un certain âge le bon citoyen s'est acquis de droit l'heureux repos de la vieillesse, pourquoi prendrait-il souci des soins d'un avenir que garantit l'État à sa postérité: cela ne se comprendrait plus. Aussi, quel immense aliment à la consommation: plus d'avarice qui mine le corps; mais pour tous la satisfaction complète et large des besoins et même des agréments de la vie, et la force physique des premiers âges peu à peu reconquise.

Répression des abus et des crimes.

L'utopie flagrante consiste à admettre une organisation sociale dans laquelle on ne mentionnerait pas l'encouragement au bien, le mépris et le châtiment du mal. Qui veut découvrir la divinité dans l'humanité est un utopiste dangereux, et je n'en connais point de ce genre. L'homme est faible par nature, et par conséquent exposé aux travers de ses goûts, de ses penchants et des vices qu'ils entraînent. L'instruction, il est vrai, changera et améliorera considérablement la situation morale de la masse populaire ; mais, quoiqu'avec répugnance, je dois encore admettre la paresse, la débauche, le crime.

La paresse et la débauche, jalouses d'un repos prématuré et ennemies du travail, trouveront leur antidote dans un décret ainsi conçu :

Quiconque aura encouru le mépris de ses concitoyens d'une manière authentique, pour paresse ou débauche pendant la durée de sa carrière productive, éloignera d'un nombre d'années proportionné à son déshonneur l'époque de sa retraite, et sera en outre inscrit en faux contre la vertu sur un répertoire spécialement destiné à recueillir ces personnifications de l'infamie. Quant au criminel, il sera déporté loin du foyer social, sur une terre de réprobation où les plus rudes travaux lui seront imposés pour subvenir à sa subsistance. Le socialisme, essentiellement miséricordieux, révoque la peine de mort, parce qu'il veut l'amélioration du coupable, et par conséquent le repentir du crime.

L'exil comportera deux degrés : le moins rigoureux frappera le vol, la prostitution, l'adultère, l'incorrigible fainéant et le contagieux débauché. Mais si nous réprimons d'une main, de l'autre nous récompensons sur le livre de la vertu et de l'honneur les bons citoyens qui auront mérité d'y être inscrits.

Du rôle politique et privé de la femme.

Le savant Buffon a tracé aux deux créatures de Dieu leurs attributs respectifs lorsqu'il a dit : Le courage et la force appartiennent à l'homme; les grâces et la beauté sont l'apanage des femmes. C'est en effet par la voix du grand naturaliste que je vais définir le rôle de la femme, par la conséquence de la nature de son sexe.

Si le courage et la force appartiennent à l'homme, la nature lui a dit : Tu fonderas et tu gouverneras; la puissance est ton droit, nos lois ressortent de là. Mais la femme, complément de l'existence de l'homme, à défaut de sa part de commandement dans les destinées de l'humanité, possède d'autres armes pour la défense de son autorité. Cette autorité est toute de prestige, elle repose physiquement sur les grâces et la beauté, moralement dans les ressorts d'une âme plus impressionnable, plus vive que chez l'homme. Si donc nous ajoutons au pouvoir moral de la femme l'autorité de la loi, la femme seule gouvernerait les nations, et comme cette organisation toute poétique par nature chez la femme serait constamment exposée aux écarts d'un cœur trop sensible, trop faible, nous en souffririons, elle en souffrirait aussi.

Ainsi le pouvoir de l'homme affermi par la loi est un palliatif nécessaire à la souveraine autorité séduisante de la femme. Esclave de par la loi, elle gouverne encore par les facultés irrésistibles de son âme ; digne et large compensation.

De la constitution de l'homme et de la femme découle encore pour chacun dans la vie privée la destination appropriée à ses facultés physiques et morales : à l'homme les rudes travaux et les hautes combinaisons, à la femme les soins du ménage et les charmes de l'intérieur ; partant, plus de laquais rampants, plus de nourrices prostituées.

Du Mariage.

La vraie philosophie et la nature condamnent le mariage, cet enchaînement pour toute l'existence de deux êtres bien ou mal assortis ; mais vivre selon la vraie philosophie et la nature n'est pas au pouvoir de la faiblesse humaine ; et là comme dans bien des circonstances, les extrêmes se touchent : à côté de la perfection, l'anarchie des mœurs !

Le mariage est donc un lien sacré nécessaire, un coercitif indispensable dans la société pour mettre un frein à l'obscénité des abus. Conservons-le.

Religion.

Aux yeux du socialiste, toute la religion des hommes consiste dans l'analyse simple d'une philosophie pratique.

Jésus-Christ n'était ni fils de Dieu ni l'envoyé de la Divinité; c'était un grand philosophe, un grand républicain jeté par miracle au milieu de populations barbares et fanatiques. Que nous a dit Jésus-Christ? D'aimer les hommes, de chérir la vertu. Il nous a prêché l'oubli des injures que l'on nous fait, la charité envers le pauvre qui souffre. Eh bien! que voyons-nous dans tout cet échafaudage burlesque de la féodalité catholique! Au premier étage, de grands seigneurs éclatants de pourpre, écrasés d'or, insolent contraste avec la simplicité de leur maître qu'ils outragent! Ils prêchent la charité, et le peuple sous le poids de leur luxure gémit d'impuissance à solder l'impôt. Évêques, archevêques et cardinaux, apôtres imposteurs d'un nom révéré, vous qui parlez de la part de Jésus-Christ, imitez-le d'abord dans l'austérité de son existence, et l'on vous croira.

Il est impossible d'élever l'enfance sans votre religion, dites-vous! erreur, aberration du privilége! Et pourquoi ne composerait-on pas un catéchisme de maximes à la portée de l'enfance, de principes simples et vrais? A peine sorti des langes de la végétation de ses premières années, alors qu'il peut articuler un mot, souder une phrase, accoutumez-le au nom du créateur ; qu'il sache une prière invoquant les bienfaits de Dieu, j'y consens ; mais je désapprouve les idées abstraites, ridicules de votre catéchisme. Le but du catéchisme est de diriger l'enfant vers le bien, mais non d'embarrasser son imagination de mystères que vous dites vous-mêmes incompréhensibles.

Voici, je crois, comment l'on devrait parler à l'enfance.

D. Dis-moi, mon enfant, qui dois-tu chérir au-dessus de tous les êtres de la terre?

R. Dieu.

D. Que dois-tu le plus aimer après Dieu?

R. Mon père et ma mère.

D. Et après eux?

R. Les hommes et la vertu.

D. Qu'est ce que la vertu?

R. Pratiquer le bien.

D. Qu'entend-on par pratiquer le bien?

R. Faire pour les autres ce que je voudrais que l'on fît pour moi.

D. Quelle est la récompense de celui qui fait bien?

R. Il acquiert l'estime de ses semblables, vit heureux, et laisse un beau souvenir après sa mort.

D. Qu'est-ce que faire le mal?

R. C'est faire aux autres ce que je ne voudrais pas que l'on me fît.

D. Quelle est la punition de celui qui fait mal?

R. Il encourt le mépris des hommes, mène une malheureuse existence, et laisse un mauvais souvenir attaché à son nom, etc., etc.........

Telle est la nature des raisonnements que je voudrais voir comme instruction religieuse de l'enfance : mettre à la portée de sa conception la définition du bien et du mal, l'encourager au bien, lui faire redouter le mal.

Voilà, selon moi, les définitions élémentaires du socialisme ; je laisse la précision des détails aux législateurs de notre doctrine : mon but était d'exprimer les principes. Maintenant, je le répète, ce serait un rêve fantastique que de prétendre pouvoir appliquer spontanément le socialisme; il faut une transition.

Ainsi donc, aux personnes qui me demandent comment la vieille société se convertira, je leur répondrai:

Par la Banque du Peuple. Là est le moyen d'escalade du vieux donjon féodal; là est la sentence de mort de toutes les exploitations financières. C'est l'affranchissement du travail, c'est la vérité de l'abolition de l'exploitation de l'homme par l'homme!

Honneur au citoyen Proudhon!

FIN.

Paris. — Imprimerie E. Loroye et Cie (ouvriers associés), 33, rue de Seine.

AU BUREAU DE LA PROPAGANDE,

1, RUE DES BONS ENFANTS.

P.-J. PROUDHON.

Les Malthusiens; in-8.. 5 c.
Le Droit au travail et le Droit de propriété; gr. in-4... 10
Rapport du citoyen Thiers, précédé de la proposition du citoyen Proudhon, relative à l'impôt sur le revenu, et suivi de son discours prononcé dans la séance du 31 juillet 1848 (extrait du *Moniteur*); gr. in-4.............................. 15
Banque du Peuple, statuts; gr. in-8..................... 10

P. JOIGNIAUX.

Lettres d'un paysan aux cultivateurs; in-16, ornées de gravures sur bois... 20
Lettre trouvée à la porte d'une caserne; in-16, vignette.. 5

GABRIEL MORTILLET.

Politique et socialisme à la portée de tous. Un petit livre toutes les semaines; in-16................................ 5
1. Histoire du drapeau rouge; 2. Bases de la politique; 3. la Propagande c'est la révolution; 4. Droit au travail, mendicité ou vol; 5. Guide des électeurs, etc.

Paris. — Imprimerie Desoye et C⁰ (ouvriers associés), rue de Seine, 32.

9 782016 128787